Textos de
CAROLINA ZANOTTI

Ilustraciones de
SACCO y VALLARINO

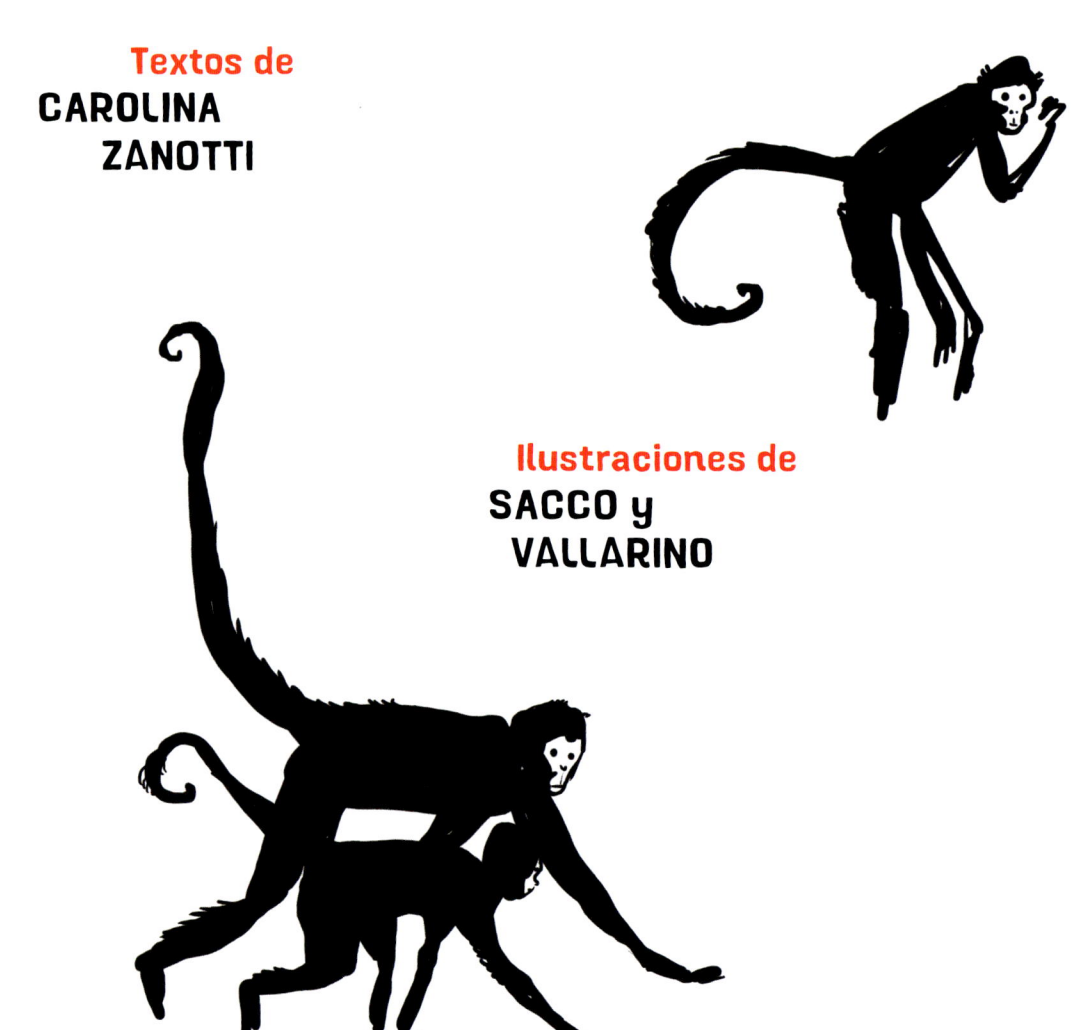

Frida Kahlo

Mi vida
entre arte y genio

LIBSA

ME LLAMO FRIDA

Me llamo Frida. Seguro que ya habéis visto mi cara en camisetas o carteles. Seguro que me habéis visto peinada con una corona de flores o rodeada de monos y loros.

Me llamo Frida y soy muy hermosa. De una belleza muy peculiar: mi frente está surcada por unas espesas cejas negras que se unen como las alas desplegadas de una golondrina y mi labio superior está coronado por un fino bigote.

Me llamo Frida. Soy pintora, probablemente la más famosa del mundo, y me he convertido en un icono… «Icono», ¿sabéis qué quiere decir eso? Que estoy considerada como una figura de referencia para un montón de jóvenes, una fuente de inspiración para creadoras y creadores del mundo entero, que me admiran hombres y mujeres que creen en la libertad de expresión y de pensamiento.

Me llamo Frida. Mi vida ha estado marcada por la pasión: por el arte, por el amor, por mi país; pero también por el sufrimiento: las enfermedades y los accidentes. A pesar de todo esto, nunca he dejado de luchar.

Me llamo Frida, la pintora que ha hecho mejor que nadie de su arte un himno al amor absoluto e incondicional por la vida.

Nací en 1907 en México. Mi madre, Matilde Calderón y Gonzales, era hija de una mexicana y de un indio. Era simpática, activa, inteligente y alegre. Su risa se parecía al sonido de una campanita de plata. Era una mujer de baja estatura. Con unos ojos preciosos y unos labios finos. Cuando iba al mercado, vestida muy elegante y llevando su cesta con gracia, se colaba con ligereza entre los puestos. No sabía leer ni escribir, pero sabía contar el dinero que gestionaba para toda la familia. Yo la llamaba «mi jefa», ya que había heredado de su abuelo, que fue general, el carácter autoritario. Era una católica ferviente, amiga de sus amigas, de los niños y de las mujeres mayores que venían a casa a rezar el rosario.

Como se puso enferma después de nacer yo, quien me amamantó fue una nodriza india. *Mi nana y yo*, el cuadro que pinté algunos años más tarde, en 1937, en el que me representé siendo niña entre los brazos de mi niñera, que lleva una máscara tradicional mexicana, está inspirado en ese recuerdo.

MI JEFA

7

MI PADRE

Wilhelm Kahlo, de carácter generoso,
inteligente, noble y valiente y que, aunque sufrió
de epilepsia durante sesenta años,
nunca dejó de trabajar.

Mi padre, Wilhelm Kahlo, de origen húngaro, se cambió el nombre por Guillermo cuando se instaló en México. Tuvo dos hijas en su primer matrimonio. Más tarde, cuando se quedó viudo, conoció a mi madre y se volvió a casar. A él le debo mi nombre, que viene de *fried,* «paz» en alemán. Para mí fue siempre un maravilloso ejemplo de ternura y comprensión. Era fotógrafo y cuando era pequeña me enseñó las reglas del encuadre y la composición. Nos encantaba dar largos paseos juntos por parques donde yo recogía insectos y plantas para observarlos a través del microscopio en casa. Así aprendí la importancia de los detalles naturales y anatómicos. Gracias a él también me inicié en el arte y la arqueología mexicana. Sufría epilepsia, una enfermedad que le provocaba constantes desmayos, y yo siempre me quedaba a su lado. En sus momentos de crisis, era como si muriera y renaciera ante mis ojos.

LA REVOLUCIÓN MEXICANA

Nací durante la revolución. Durante ese fuego nací, empujada por el impulso de la revuelta incluso en el momento de mi nacimiento. Aquel día fue estrepitoso; me ha mantenido encendida durante el resto de mis días.

LIBERTAD

Nací en 1910... «¿Cómo?, ¿pero no fue en 1907?», me diréis. ¡Felicidades! Sois muy buenos observadores, pero como a todos los efectos me sentía una hija de la Revolución mexicana, decidí declarar mi fecha de nacimiento en 1910, el año en el que estalló.

A finales del siglo XIX, México estaba gobernado por Porfirio Díaz. Durante su presidencia, Díaz dio una gran parte de las tierras de cultivo a unos pocos ricos propietarios que explotaban a doce millones de peones, campesinos golpeados continuamente por la violencia y la miseria. En 1910, Francisco Madero, un hombre de ideas liberales, se puso a la cabeza del movimiento popular y promovió una revuelta. Se trataba de la Revolución mexicana, con sus bandas de campesinos armados, dirigidos por los guerrilleros Emiliano Zapata y Francisco «Pancho» Villa, una de las revoluciones más sangrientas del siglo XX que terminó con casi un millón de muertos. El régimen de Díaz se derrumbó en 1911 y Madero se convirtió en presidente.

11

MI FAMILIA

Mi familia era peculiar: pacifista, comprometida con la vida política y muy implicada con mi formación, sobre todo porque, desde mi más tierna infancia, manifesté un cierto talento artístico y sensibilidad, así como un espíritu independiente, opuesto a toda convención social.

Desde mi infancia, recuerdo a mi madre abriendo la puerta de nuestra casa, a pesar de los disparos que resonaban por toda la ciudad, para dar cobijo a los revolucionarios heridos, cuidarlos y darles de comer. Aunque fuéramos muy pobres, les dábamos «gorditas», unas tortillas grandes hechas con harina de maíz y rellenas de carne, verduras o queso, los únicos alimentos que teníamos.

FRIDA PATA DE PALO

Cuando tenía seis años me puse enferma. Tuve poliomielitis, lo que me obligó a pasar nueve meses en la cama. Por fin me recuperé, pero la enfermedad ya me había marcado: mi pierna derecha se quedó más delgada y corta que la otra. Para que no se notara la diferencia, me ponía dos o tres medias una encima de otra. Pero me quedé un poco coja. Decían que andaba como un gorrión. Al principio, pensaba que las burlas no me afectarían, pero poco a poco empecé a sufrirlas.

Mis compañeros de clase se reían de mí: «¡Frida pata de palo!, ¡Frida pata de palo!»,

De niña, crujía. De adulta, era una llama.

me gritaban. Para aprender a defenderme, empecé a practicar todo tipo de actividades deportivas: fútbol, lucha libre, natación; en aquella época eran ejercicios que solo hacían los chicos. Pero, teniendo en cuenta mi estado de salud, mis padres me dieron permiso. Así que, cuando escuchaba «¡Frida pata de palo!», sacaba los puños y le gritaba al que me hubiera molestado. Participé en todos los juegos infantiles, sobre todo, en los de chicos.

Nunca me rendí.

15

LA «PREPARATORIA»

Yo no era una estudiante modélica, pero era inteligente, ¡y mucho! A los quince años, después de acabar los estudios en el Colegio Alemán, me inscribí en la prestigiosa y exclusiva Escuela Nacional Preparatoria de México para estudiar Medicina. Para entrar en la Preparatoria había que aprobar un examen de acceso. En 1922, solo treinta y cinco chicas de dos mil fueron admitidas. Yo fui una de ellas. En esta escuela teníamos la oportunidad de conocer a intelectuales, filósofos, escritores, poetas y músicos que nos enseñaban a comprender el sentido de la Revolución,

basada en tres pilares fundamentales: la pertenencia a México, el estudio de nuestras tradiciones y los derechos del pueblo. En la Preparatoria me uní al grupo de los «Cachuchas», que se llamaban así precisamente por el tipo de gorra que llevaban, con visera y de tipo deportivo. Hablábamos de política y de literatura y yo, que ya me apasionaba la pintura, me entretenía haciendo retratos de Álex y de otros compañeros.

¡CUIDADO, PANZÓN!

En 1922, el ministro de Educación pidió a algunos artistas que pintaran los muros del anfiteatro de la Preparatoria con «murales», los precursores de los grafitis actuales. En esta ocasión vi por primera vez al gran pintor Diego Rivera. Me escondí en el auditorio para espiarlo mientras él dibujaba el retrato de una modelo. Muy conocido como muralista, también era muy famoso por su éxito con las mujeres. La verdad es que no podía entender muy bien por qué: Diego Rivera era feo, con unos ojos enormes y separados, los párpados hinchados y prominentes como los de un sapo. También era muy grande y gordo y tenía una barriga enorme. «Es un panzón», pensaba yo. Pero mientras más lo miraba trabajar más atraída me sentía por su personalidad y su energía vital, hasta el punto de que un día, cuando vi que Lupe, su mujer, llegaba sin avisar, di un grito para que pudiera alejarse de la modelo con la que estaba flirteando: «¡Cuidado, panzón, que viene Lupe!». Después, alegre y pícara, lo saludé antes de salir, orgullosa, del auditorio.

¡CUIDADO

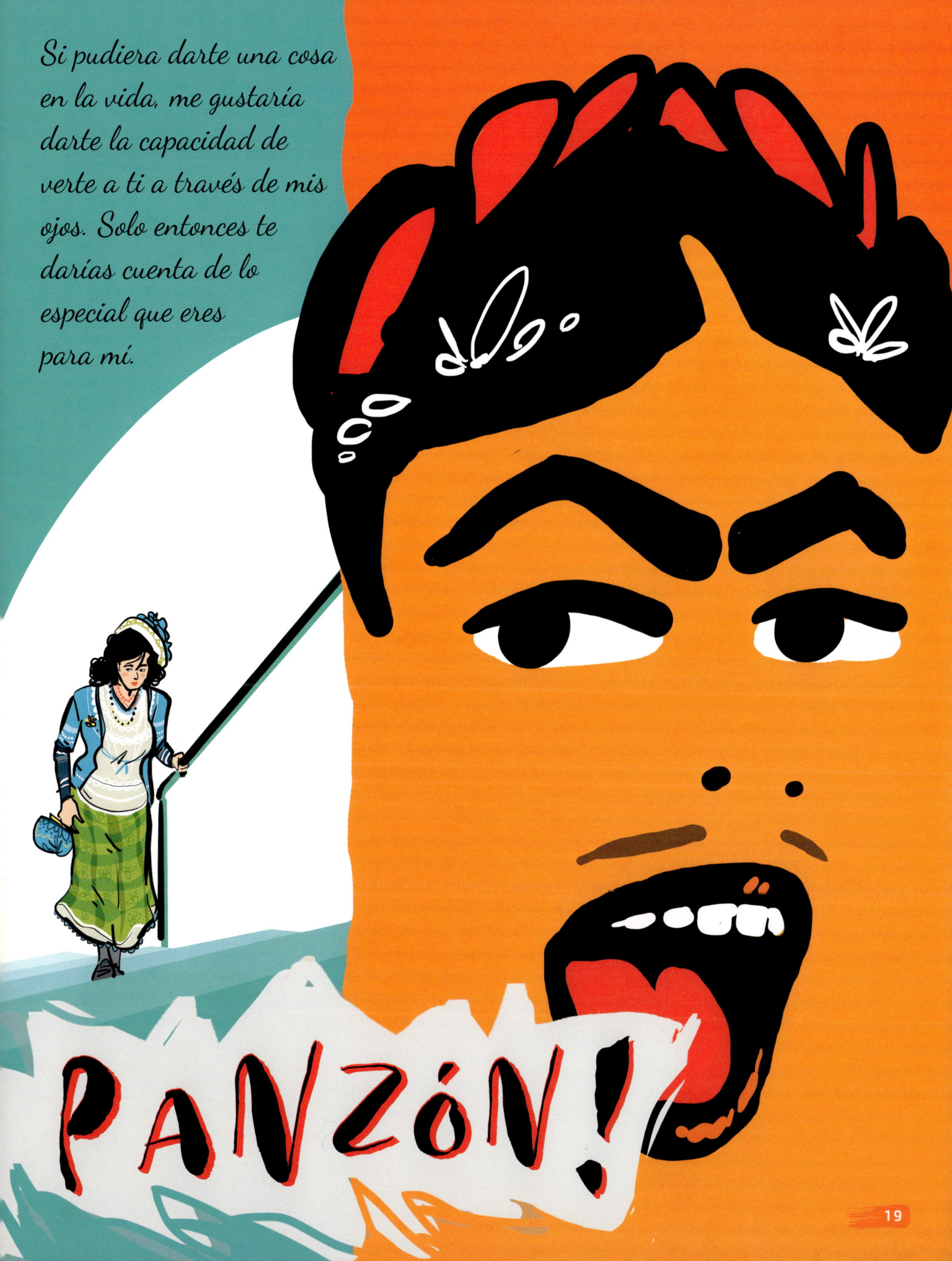

Si pudiera darte una cosa en la vida, me gustaría darte la capacidad de verte a ti a través de mis ojos. Solo entonces te darías cuenta de lo especial que eres para mí.

PANZÓN!

No es cierto que te des cuenta del golpe, no es cierto que se llore. Yo no derramé ni una sola lágrima.

EL ACCIDENTE

Cuando tenía dieciocho años un tranvía trastocó mi vida por completo. Voy a contaros algo muy triste. Era el 17 de septiembre de 1925, las clases habían terminado y Álex y yo íbamos corriendo para alcanzar el autobús de vuelta a casa. Acabábamos de salir cuando fuimos

20

golpeados por un tranvía que nos aplastó contra una pared; el choque fue tan violento que el autobús quedó machacado y un pasamanos me atravesó la pelvis. Un pintor que iba montado a mi lado, en el impacto, perdió el polvo dorado que transportaba en una bolsa. Me contaron que cuando me encontraron parecía una estatua ensangrentada recubierta de polvo dorado. El accidente me destruyó. Tuve varias fracturas: en el fémur, en las costillas, en diferentes sitios de la pierna izquierda y en el pie derecho.

Cuando me llevaron al hospital, los médicos estaban desesperados por salvarme la vida. No creían lo que estaban viendo. Más que una operación tenían que hacer un collage: era un rompecabezas para aquellos cirujanos que no tenían ninguna prisa. Pero mi carácter fuerte fue más poderoso que la desgracia.

LOS CUIDADOS Y LA PINTURA

*Me retrato a mí misma
porque paso mucho tiempo sola.
Me pinto a mí misma
porque yo soy lo que mejor conozco.*

La recuperación fue lenta y dolorosa.
De vuelta a casa, pasé nueve meses en la cama
con el tronco inmovilizado por una pesada escayola. Leí un
montón de libros, la mayoría sobre comunismo, el movimiento político
que defendía los derechos de los pobres y los trabajadores. También me
hicieron el regalo más hermoso de toda mi vida. Mis padres me regalaron
pinceles y colores y colgaron un espejo en el dosel de mi cama para que
pudiera verme y pintar acostada. Para no aburrirme tanto, empecé a pintar.
Obligada como estaba a ver mi imagen reflejada, mi primer cuadro fue un
autorretrato que le regalé a Álex. Otros vinieron después, muchos otros. De
casi doscientos cuadros, cincuenta y cinco fueron autorretratos. Era una de
las pocas artistas que había pintado tantos. En aquella época, también tuve
que volver a aprender a andar, como una niña pequeña, luchando contra los
dolores atroces de mi cuerpo roto. Necesité dos años desde el accidente
para volver a ponerme de pie, pero lo conseguí.

PINTAR

Vivir de la pintura se había convertido en mi sueño, pero ¿estaba realmente capacitada para hacerlo? Una vez que abandoné la idea de ser médica, pensé en pedirle opinión a un experto. Diego Rivera, que acababa de volver de Europa, estaba ocupado decorando los muros del Ministerio de Educación, con todos aquellos personajes y colores. Yo era una joven valiente y con determinación, así que fui a verle con algunos de mis cuadros bajo el brazo. Cuando lo vi, grité: «¡Eh, panzón! ¡Baja!». Como recordaba el episodio de la Preparatoria, me hizo caso y, bajo la mirada estupefacta de sus colaboradores, bajó intrigado del andamio. Le enseñé mis pinturas y le impresionaron. «Tienes talento, enséñame las otras», me dijo. En ese momento me di cuenta de que mi destino estaría vinculado para siempre a la pintura y a ese gran artista con cara de sapo, pero con un encanto increíble.

Resina

aceite de lino

yema

agua

caucho

Pigmento

trementina

Los colores de Frida

Frida Kahlo conservaba celosamente una receta. Esta no tenía nada que ver con la comida, sino que tenía que ver con los colores. La fórmula, transmitida por los nativos mexicanos, estaba compuesta del pigmento obtenido de la resina de algunos árboles, mezclado con yema de huevo, aceite de lino crudo, caucho, trementina y agua. Diez días más tarde, Frida trituraba los colores en la emulsión resultante. Para conseguir pinturas más brillantes, añadía agua. Con estos colores pintó sus cuadros más famosos, como *Las dos Fridas* y *Autorretrato con collar de espinas y colibrí*.

En una de las páginas de su diario, le dio un significado a cada color.

verde

Luz buena y tibia.

magenta

Antiguo color azteca, sangre de
higuera de la India (cochinilla), el más
antiguo y brillante.

marrón

El color del mole (plato típico
mexicano) y el de las hojas cuando se
caen al
suelo.

amarillo

Locura, enfermedad, miedo, Sol,
alegría.

azul cobalto

Electricidad, pureza de amor.

negro

Nada es negro, realmente nada.

verde hoja

Las hojas, la tristeza, la ciencia; toda
Alemania es de este color.

amarillo verdoso

Más locura todavía, todavía más
misterio; los fantasmas se visten
de este color o, al menos, su ropa
interior es así.

verde oscuro

El color de los malos consejos y el de
los buenos negocios.

azul marino

La distancia, pero también la ternura
pueden ser de este color.

rojo

¿La sangre? ¿Quién sabe?

LA BODA

Volví a encontrarme con Diego en una fiesta en casa de Tina Modotti, una fotógrafa de origen italiano. ¡Su llegada fue bastante sorprendente! Irrumpió en la sala sin saludar siquiera, sacó su pistola, disparó al gramófono y lo destrozó en mil pedazos.

Todo el mundo se quedó fascinado por aquel gesto y yo me enamoré perdidamente de él. Bajo su ala protectora, me introdujo en la escena política y cultural de México ya que, como Diego, yo pensaba que el arte también tenía que contribuir a defender los derechos del pueblo. Un año más tarde, siendo yo consciente de las numerosas infidelidades por las que me había hecho pasar, nos casamos. Él ya había estado casado en dos ocasiones y tenía cuatro hijos. Él era mucho más mayor que yo y juntos éramos una pareja bastante graciosa: Diego, 42 años, era un hombre fortachón que medía 1,85 y pesaba 150 kilos. Yo tenía 22 años, medía 1,60 y pesaba 49 kilos. En la ceremonia civil solo estaban mi padre y tres testigos. Yo llevaba un traje tradicional: una falda con varias capas, una camisa de manga corta y un rebozo, el chal típico mexicano. Diego, por su parte, llevaba un traje con una chaqueta de «estilo americano». Mi madre, que no estaba de acuerdo con nuestra boda, dijo: «Parecéis un elefante y una paloma».

En mi vida hubo
dos grandes accidentes:
el tranvía y Diego.
Diego fue,
de lejos, el peor.

MI DIEGO

¿Quién era Diego Rivera, ese hombre tan feo como encantador que me robó el corazón? ¿Ese hombre brillante que fascinaba a las mujeres con sus maneras inteligentes y extravagantes? ¿Ese hombre a quien amé con locura?

Hijo de un maestro de escuela, Diego nació en 1886 y desde su más tierna infancia fue considerado un niño prodigio. Con 21 años, mientras estudiaba en la escuela de arte, consiguió una beca para estudiar y viajar por España, Italia, Bélgica, Holanda, Inglaterra y Francia. De vuelta a México, hizo amistad con otros jóvenes artistas de vanguardia como Siqueiros, Orozco y Guerrero. Juntos, comenzaron a pintar kilómetros y kilómetros de

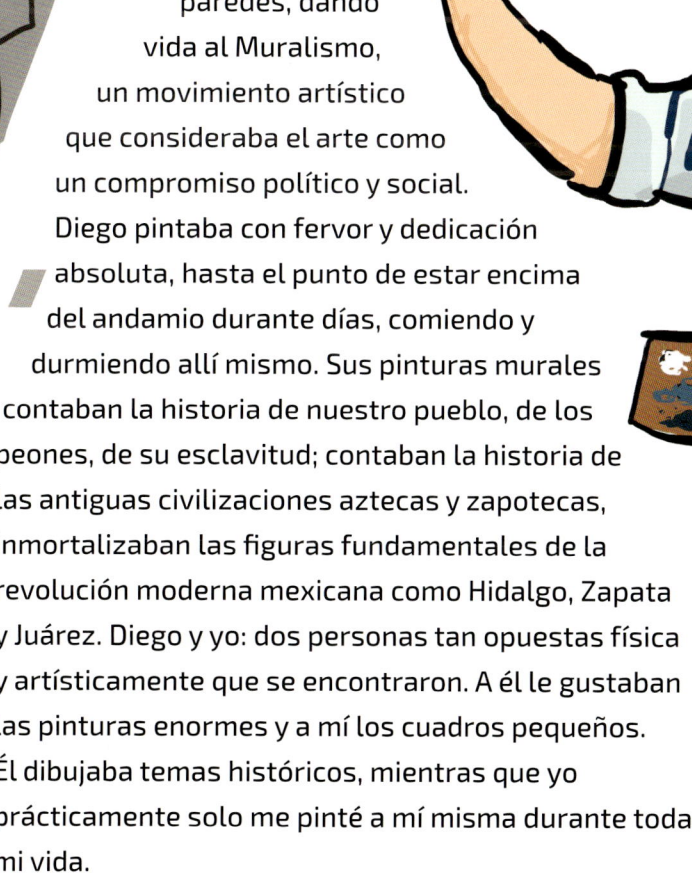

paredes, dando vida al Muralismo, un movimiento artístico que consideraba el arte como un compromiso político y social. Diego pintaba con fervor y dedicación absoluta, hasta el punto de estar encima del andamio durante días, comiendo y durmiendo allí mismo. Sus pinturas murales contaban la historia de nuestro pueblo, de los peones, de su esclavitud; contaban la historia de las antiguas civilizaciones aztecas y zapotecas, inmortalizaban las figuras fundamentales de la revolución moderna mexicana como Hidalgo, Zapata y Juárez. Diego y yo: dos personas tan opuestas física y artísticamente que se encontraron. A él le gustaban las pinturas enormes y a mí los cuadros pequeños. Él dibujaba temas históricos, mientras que yo prácticamente solo me pinté a mí misma durante toda mi vida.

¿Por qué lo llamo «Mi Diego»? Él nunca ha sido y nunca será mío. Diego solo se pertenece a sí mismo.

31

AMÉRICA

Al final, podemos soportar mucho más de lo que imaginamos.

Diego y yo fuimos los protagonistas de una gran historia de amor y de arte. Diego no solo era un artista reconocido ya en América del Sur y en Europa, sino que también era un intelectual y militante, amigo de grandes pintores como Picasso y Modigliani. Yo, al contrario, todavía era una desconocida y él me animaba a pintar. En 1930 nos instalamos en América porque el nuevo gobierno había ilegalizado al Partido Comunista y podrían encarcelarnos. Cuando llegué a Estados Unidos, perdí el bebé que estaba esperando. Era la tercera vez que un embarazo no llegaba a buen término por culpa del accidente del que fui víctima cinco años atrás. Fue entonces cuando me dijeron que nunca podría llegar a ser madre.

En plena desesperación pinté el hospital Henry Ford: mi cuerpo sobre la cama, cubierto con sábanas manchadas de sangre, está unido con hilos rojos a elementos simbólicos suspendidos en el aire: un recién nacido, un caracol, una flor, una máquina de hospital y partes del cuerpo. Al fondo, una ciudad moderna e industrial, totalmente indiferente a mi desgracia.

¿DÓNDE ESTÁ EL CIRCO?

A lo largo de los años vividos entre Nueva York, Detroit y San Francisco, el mundo del arte comenzó a tenerme en cuenta. Diego trabajaba mucho y me presentó en sociedad diciendo que entre él y yo, yo era la «verdadera artista». Fascinado por el progreso tecnológico de los Estados Unidos y embriagado por su propio éxito, pasaba mucho tiempo con artistas, industriales y políticos. Yo, al contrario, no soportaba vivir consentida y mimada en el «país de los gringos» mientras que mi gente, en México, hacía cola para conseguir pan. México estaba en mi corazón. Y en mi manera de vestir. Llevaba trajes vistosos; prefería las faldas típicas mexicanas que la alta costura. Allá a donde fuera causaba sensación. Un amigo de Nueva York me dijo un día que los niños me seguían por la calle preguntándome: «¿Dónde está el circo?».

No me importaba mucho, exhibía con orgullo la pertenencia a mi país. Mientras que Diego trabajaba en un mural en el Rockefeller Center, yo empezaba *Allá cuelga mi vestido*, el único *collage* que hice en toda mi vida. El vestido en cuestión es el traje tradicional de Tehuantepec que me ponía muy a menudo. Está en el centro de la obra, rodeado de un gran caos en el que todos los elementos representan la superficialidad del pueblo americano, que solo se preocupa por la riqueza y el éxito individual. Diego me ponía excusas para volver a México y me propuso dibujar en su mural el rostro de Lenin, jefe de la Revolución rusa. Le dijeron que lo borrara, pero él se negó.

Le despidieron y volvimos a casa.

Con la pintura, espero ser digna del pueblo al que pertenezco y de las ideas que me dan fuerza.

35

El estilo de Frida

Frida combinaba con desparpajo trajes tradicionales mexicanos con sombreros de estilo europeo.

Además, para expresar su rechazo a los cánones estéticos de la época, se ponía trajes masculinos de su padre. Sobre todo se ponía faldas (enaguas) con blusas *huipil* arriba. Las faldas largas le permitían esconder su pierna herida, mientras que las blusas le cubrían los corsés que estaba obligada a llevar para proteger su espalda. Este atuendo estaba inspirado en la ropa de la comunidad de Tehuantepec, un homenaje feminista a la antigua sociedad matriarcal formada por mujeres fuertes e independientes. A veces mezclaba elementos de vestimentas diferentes: tejidos exóticos de China, encajes europeos e hilos de colores que hacía que el sastre le tejiera. Calzaba sandalias o *huaraches*, el calzado de cuero de los combatientes de la Revolución, las *soldaderas*, y le gustaba cubrirse los hombros con el *rebozo*, un chal típico con motivos o de color liso.

Con su pelo se hacía peinados muy elaborados, adornados con telas, peinecillos, horquillas, las flores de buganvilla que crecían en su jardín y, como una reina, llevaba joyas vistosas y excéntricas. Su original estética inspiró a numerosos estilistas contemporáneos como Jean-Paul Gautier, Dolce & Gabbana, Romeo Gigli, John Galiano, Valentino, Prada y Antonio Marras.

huipil

Blusa corta y ancha con las mangas descubiertas, adornada con bordados mexicanos típicos o con borlas clásicas.

corsé

Por culpa del accidente, Frida tenía que llevar corsés de escayola que ella misma decoraba.

rebozo

Chal típico con motivos o de color liso.

enagua

Falda ancha adornada con motivos florales y de colores vivos.

LAS DOS CASAS

Volver a casa. O, más bien, a dos casas en nuestro caso. De hecho, aunque nos queríamos con locura, como artistas, Diego y yo necesitábamos nuestros propios espacios creativos. Así que de vuelta a México nos fuimos a vivir a dos edificios que estaban uno al lado del otro y unidos por un puente. No podíamos estar separados, pero tampoco podíamos perder nuestra independencia. A lo largo de este tiempo acogimos en casa a gente tan importante como el revolucionario ruso León Trotsky, exiliado en México, el poeta Pablo Neruda y el escritor francés André Breton.

Vivimos una historia de amor fuera de lo común. Él me engañaba constantemente. Al principio, yo aguantaba sus aventuras, pero después empecé a comportarme como él. Diego estaba furioso y me montaba muchas escenas. Las traiciones continuaron hasta que en 1939 decidimos emprender los trámites para divorciarnos.

Devastada, representé mi dolor en un cuadro basado en un suceso real. Este cuadro muestra el interior de una habitación donde acaba de producirse un asesinato. Una mujer, herida por numerosas puñaladas, está sobre la cama. A su lado se ve a un hombre que parece estar disculpándose y la

38

inscripción: «Unos cuantos piquetitos», que da título a la obra. Las palabras que aquel hombre pronunció ante el juez para defender su inocencia eran casi las mismas palabras que Diego decía para justificar sus aventuras extramatrimoniales:
«Solo es una aventura».

Donde no puedas amar, no te demores.

PARÍS

Cuando André Breton, uno de los fundadores del Surrealismo, nos visitó en México, gritó ante algunos de mis cuadros: «Estos cuadros son un lazo alrededor de una bomba», y me propuso hacer una exposición en París. Él me definía como surrealista, pero yo nunca me reconocí dentro de ese movimiento artístico que tenía como elementos característicos el sueño, los paisajes extraños y las proyecciones del alma. Nunca pinté mis sueños, solo pinté mi propia realidad.

París me recibió con entusiasmo, me reunía con artistas como Duchamp, Kandinsky, Miró, Tanguy, e incluso, con Pablo Picasso. Aunque normalmente no solía hacer muchos cumplidos a sus compañeros, cuando me conoció, me levantó del suelo de un abrazo. Me regaló unos

pendientes de los que pendían dos colgantes con algas marinas engastadas. Le tenía mucho cariño a esos pendientes. La revista *Vogue* publicó un artículo sobre mí y me dedicó la portada, y mi obra *El marco* (*The Frame*) fue el primer cuadro de un artista mexicano del siglo XX que fue comprado por el Louvre.

Todo iba fenomenal, pero al cabo de cierto tiempo empecé a sentirme frustrada por los discursos vacíos de tantos bohemios que se reunían en los cafés de Montmartre, el barrio de los artistas. «Convencidos de ser los señores del universo, hablan de cultura durante horas, de arte, de revolución, elaborando teorías que nunca se llevarán a cabo. Había algo en ellos tan falso e irreal que me volvía loca». Escribí en una carta a un amigo.

Y decidí volver a México.

Pensaron que yo era surrealista, pero no lo era.

41

LA COLUMNA ROTA

La vuelta a mi país, en 1939, coincidió con la fecha de mi divorcio. Mi salud estaba muy deteriorada y al dolor físico se unió el dolor emocional por la separación de Diego. Nuestra desesperación era tan grande y nuestros sentimientos tan profundos que un año más tarde nos reconciliamos y volvimos a casarnos.

Mi cuerpo empezó a resentirse: en dieciséis años me habían operado unas treinta veces y el dolor de espalda se volvió insoportable. Llevaba un corsé de acero, pero no me aliviaba. En la pierna derecha, la pierna afectada por la polio y que me había roto en el accidente, me entró gangrena y los médicos tuvieron que amputármela.

Estaba profundamente triste. Encerrada en mi habitación de la Casa Azul, en la cama, con un corsé de escayola que yo misma pinté con flores, con una hoz y un martillo, mariposas y otras figuras de colores, me miraba la pierna falsa que, cruelmente, decidí cubrir con una bota roja a la que le cosí cascabeles. Fue en esta época de tanto sufrimiento cuando pinté mi cuadro más famoso: *La columna rota*.

42

No estoy enferma,
estoy rota.
Pero estoy feliz de
estar viva mientras
pueda pintar.

HOGAR, DULCE HOGAR

Cuando mi padre murió en 1941, Diego y yo nos instalamos definitivamente en la casa en la que había nacido y en la que viví toda mi infancia. Decidimos pintar la casa de azul cobalto, un color que nos gustaba mucho porque las culturas precolombinas lo consideraban mágico, lo utilizaban para protegerse de los malos espíritus y estaba muy presente en el arte popular mexicano.

La casa estaba rodeada de un jardín exuberante y Diego mandó construir en el centro una pequeña pirámide roja. Entre las plantas exóticas, los gorriones y las mariposas vivían mis queridos xolos (una raza de perro sin pelo que ya era conocida entre los aztecas), loros, una cierva y un águila.

En la Casa Azul recibíamos a nuestros amigos de siempre, como el multimillonario americano Nelson Rockefeller, uno de nuestros mayores mecenas, el gran director ruso Serguéi Eisenstein, la estrella de cine mexicano Dolores del Río o la famosa bailarina Joséphine Baker.

Casa Azul

La Casa Azul fue donada al pueblo mexicano por Diego Rivera en 1957 y un año más tarde se convirtió en el Museo Frida Kahlo. Actualmente, con unas 25 000 visitas mensuales, es uno de los museos más visitados de México.

Cuando Frida murió, Diego reunió todos sus objetos personales (ropa, zapatos y otros accesorios) y los sepultó en las paredes del cuarto de baño con la orden de que los sacaran, al menos, quince años después de que él muriera. Actualmente, los famosos trajes coloridos Tehuana están expuestos en una de las salas de la planta baja de la casa.

En las otras habitaciones se puede ver:

• Piezas de arte prehispánico de la colección privada de Diego.

• Centenares de exvotos, pequeños cuadros religiosos que expresan la gratitud de sus propietarios por un milagro concedido o por una oración satisfecha, que contribuyeron mucho en la inspiración artística de Frida.

• Máscaras, ídolos y muchos «Judas», monstruos de papel maché que, tradicionalmente, se cuelgan en el techo y se llenan de petardos para explotarlos el sábado de Gloria, el sábado anterior a la Pascua.

La Casa Azul conserva también la tan famosa fotografía de Nickolas Muray, «Frida con el rebozo rojo», la colección de mariposas que le regaló el artista japonés Ismau Noguchi y el último cuadro conocido de Frida que lleva la inscripción «Viva la vida» y que, según los deseos de Rivera, nunca podría moverse de su sitio, ni siquiera para ser restaurado. Las cenizas de Frida se encuentran en el dormitorio. La urna que las contiene tiene la forma de una rana, símbolo de su amor por Diego, al que ella llamaba irónicamente «el sapo-rana».

LA EXPOSICIÓN

Diego sabía que mis fuerzas para luchar contra el dolor me estaban fallando. Los medicamentos me mantenían en un estado de inconsciencia casi completo. En los escasos momentos de lucidez, la melancolía era más fuerte que la alegría y el amor por la vida.

Así que decidió hacer realidad el sueño que tenía desde hacía mucho tiempo: organizar mi propia exposición en el país que me vio nacer y que me había dado fuerzas para luchar por la vida. Una fuerza que grité al mundo entero.

La exposición tuvo lugar en 1953. Los médicos me habían prohibido salir de la cama, pero decidí ir de todas formas. Me puse uno de mis vestidos favoritos y una ambulancia me llevó, como si fuera una limusina.

A las ocho de la tarde, justo después de que las puertas de la Galería de Arte Contemporáneo se abrieran al público, hice una entrada triunfal en la sala en la que habían instalado una gran cama adornada con fotos de Diego y esqueletos de papel maché colgados del dosel.

Tumbada en la camilla, con mi ironía habitual, dije:

«¿Queríais empezar sin mí?
Esto no es un velatorio y no me miréis: hay más vida en estos cuadros que en esta cama».

Después de las felicitaciones y los saludos de los casi doscientos amigos y admiradores que se me acercaron, disfrutamos todos juntos de las baladas mexicanas hasta el final de la noche.

48

Pies, para qué los quiero
si tengo alas para volar...

49

ADIÓS

En 1954, mi estado de salud empeoró todavía más. Le regalé un anillo a Diego, un regalo anticipado por nuestros 25 años de casados. En los últimos cuadros que fui capaz de pintar, se percibe claramente lo difícil que me resultaba sostener el pincel; el cuidado obsesivo y preciso de cada

Espero que el final sea alegre y no regresar jamás.

pequeño detalle dio lugar a pinceladas espesas y firmes. Tuve que cambiar de temas y abandonar los retratos para dedicarme exclusivamente a los bodegones y naturalezas muertas. Al amanecer del 13 de julio, dejé de respirar. Tenía 47 años. El día de mi funeral, una gran multitud vino a cantar himnos patrióticos donde estaba mi féretro, sobre el que había una enorme bandera con la hoz y el martillo del Partido Comunista.

Doctor, si me deja tomar este tequila le prometo no beber en mi funeral.

51

ME LLAMO FRIDA

Me llamo Frida. Esta es la historia de mi vida, una vida corta y difícil, hecha de pérdidas, de renuncias, de soledad y sufrimiento que superé gracias a la pintura y demostrando que la valentía es lo más importante.

Me llamo Frida. He pintado cuadros con un estilo único y personal que no pueden incluirse en ningún movimiento artístico. Me han dedicado exposiciones en el mundo entero y algunas de mis obras están expuestas en los museos más prestigiosos, como el MoMA de Nueva York.

Me llamo Frida. La perseverancia me ha convertido en un icono, la firmeza de una mujer que, en la primera mitad del siglo XX, dio los primeros pasos hacia su propia independencia. No reniego de mi naturaleza. No reniego de mis elecciones. Tuve mucha suerte en la vida.

Me llamo Frida: mujer, mexicana, pintora y revolucionaria.

La última «realidad» que pinté fue un bodegón de sandías. Ocho días antes de morir, escribí en rojo, en el centro del cuadro, el título: «Viva la vida».

52

VIVA LA VIDA

El universo Frida

- En la ciudad de Tijuana, una artista inventó el culto de Santa Frida, protectora de los niños, las mujeres y las exposiciones de arte no documentadas.

- El cuadro *Dos desnudos en el bosque* se vendió en Christie's en el 2016 por 8 millones de dólares, el precio más alto que se ha pagado por la obra de un artista latinoamericano.

- En 2009, el gobierno mexicano emitió un billete de 500 pesos con el autorretrato de Frida Kahlo y Diego Rivera.

- Después de la Virgen de Guadalupe, Frida Kahlo es el símbolo más representado por las comunidades latinas en Estados Unidos.

- En la película de animación *Coco*, en la que se celebra el Día de los Muertos en la cultura mexicana, Frida aparece en varias escenas.

- Además de numerosos documentales, su vida fue llevada al cine por la actriz Salma Hayek en la película *Frida*, de Julie Taymor (2002).

- Muchos países han hecho sellos con su imagen: México, Mozambique, Serbia, Nigeria, las Maldivas, la República centroafricana... Fue la primera mujer hispana representada en un sello americano.

- Con motivo de la Fiesta de las mujeres en 2018, Mattel vendió una Barbie Frida. La muñeca fue criticada por ser demasiado «guapa»; y es que le faltaban los rasgos que hicieron de ella un mito.

- En un episodio de los Simpson, para celebrar Halloween, Lisa se disfrazó de Frida.

- El título del álbum *Viva la vida* del grupo británico Coldplay está inspirado en el título de su último cuadro.

© 2025, Editorial Libsa
C/ Puerto de Navacerrada, 88
28935 Móstoles (Madrid)
Tel. (34) 91 657 25 80
e-mail: libsa@libsa.es
www.libsa.es

ISBN: 978-84-662-4422-0

Derechos exclusivos para todos
los países de habla española.

Traducción: Samara Ibarra Bernal
Título original: *Frida Kahlo • La mia vita tra arte e genio*
© MMXIX Nuinui, S.A.

Periodista y apasionada de la música, el
teatro y las artes figurativas, a CAROLINA
ZANOTTI le gustan los animales, leer,
pasear, la música punk y el rockabilly.

SACCO y VALLARINO (Mauro y Elisa) son
ilustradores profesionales desde 1998.
Desde 2004 hasta 2016 han colaborado con
IED Turín como formadores y, más tarde,
como coordinadores del departamento
de ilustración. Organizan y crean talleres
para desarrollar la creatividad de los niños,
adolescentes y adultos. A Elisa le gusta el mar
y a Mauro le gusta correr.